AF229114

EXPOSÉ DES FAITS

RELATIFS

*A la Transaction passée entre le Gouvernement français
et l'ancienne Liste Civile*

MUSÉE DES ARMES

ET

MUSÉE CHINOIS

PAR

E. VIOLLET-LE-DUC

PARIS

J. HETZEL ET Cᵉ, 18, RUE JACOB

EXPOSÉ DES FAITS

Relatifs à la transaction passée entre le Gouvernement français
et l'ancienne Liste civile

MUSÉE DES ARMES ET MUSÉE CHINOIS

1

Les Collections

L'Empereur Napoléon III a acheté, sur sa cassette particulière, des collections d'armes anciennes, à divers amateurs.

1° La Collection du Prince Soltykoff, pour une somme de..	250.000 fr.
2° La Collection de M. le Comte de Belleval pour	72.000
3° En Suède et en Danemark, des Collections, pour..	14.000
4° A divers, environ pour......................	80.000
Total........	416.000 fr.

Soit, en chiffres ronds, 450,000 francs.

A ces acquisitions vinrent se réunir quelques dons et des objets provenant des Collections Sauvageot et Révoil, du Musée du Louvre.

En 1865, l'Empereur eut l'idée de former, dans le château de Pierrefonds, un musée composé de ces armes anciennes, auxquelles viendraient se réunir peu à peu de nouvelles acquisitions. Et, en effet, dans ce château, dépendant de la Liste civile, et restauré à grands frais, le Musée des Armes fut installé dès le commencement de l'année 1867.

Le 16 août 1870, craignant l'arrivée des Allemands autour de Paris, les armes furent emballées dans des caisses, commandées depuis le 6 du même mois, et ces colis scellés durent être transportés au Louvre dans les voitures du garde-meuble. Elles y étaient déposées le 17, sous la garde de M. le directeur général des Musées.

Après le 4 septembre 1870, la Commission chargée par le gouvernement de la Défense Nationale de la conservation des Musées, trouva ces caisses déposées dans un couloir voisin de l'appartement de M. le directeur général. Elles portaient une suscription qui n'indiquait pas leur provenance, mais leur destination : — *Porto*.

Je dus alors faire connaître à la Commission des Musées. la provenance de ces caisses et l'importance du dépôt.

Après l'expédition de Chine, M. le général de Montauban

fit transporter à Paris des objets précieux, provenant du Palais d'Été de l'Empereur de la Chine, à Pékin.

Ces objets furent remis à l'Impératrice qui en composa un Musée dans une salle du Palais de Fontainebleau. Divers autres objets de la même provenance, mais non recueillis par le général commandant l'expédition de Chine, furent acquis par l'Empereur sur sa Cassette et réunis au trophée de l'armée française, entre autres un large cratère d'or du plus beau travail et d'une valeur intrinsèque de 25,000 fr. environ, puis quelques autres objets achetés chez des marchands et sans grande valeur.

Lorsque la liquidation de la Liste civile fut ouverte, j'eus l'honneur de me mettre en rapport avec M. le liquidateur général, afin de faire solder les sommes restant dues aux divers entrepreneurs des travaux du château de Pierrefonds. Cette dette qui s'élevait, au 4 septembre 1870, à la somme de 321,664 fr. 85 c., a été payée en totalité ; les derniers paiements datent du mois d'août 1873.

En septembre 1871, M. le liquidateur de la Liste civile voulut bien me demander des renseignements sur la collection des armes de Pierrefonds ; j'eus l'honneur de lui adresser la lettre suivante :

« Paris, 30 septembre 1871.

» Monsieur,

» J'ai l'honneur de vous faire remettre le catalogue des armes du Musée de Pierrefonds, envoyées à Paris.

» La collection a été enfermée dans 29 caisses.

» En sus des armes comprises dans ce catalogue, il y a dans ces caisses des armes provenant d'une acquisition faite en Danemark, pour une somme de.. 7.000 fr. et de la collection Belleval pour une somme de............ 72.000 dont le colonel Penguilly L'Haridon, conservateur du Musée d'artillerie, et chargé du classement des armes de Pierrefonds, avait dû faire le catalogue détaillé. Je ne pense pas qu'il ait achevé ce travail ; il est mort pendant le siége de Paris, mais ces armes non cataloguées ont été enfermées dans quatre ou cinq caisses, sans être mêlées avec les autres. Elles portent des numéros *à la main*, tandis que les autres armes possèdent leurs numéros *imprimés*. Lorsqu'on voudra ouvrir les caisses contenant les armes, il sera facile de reconnaître ainsi les dernières armes acquises, et qui, sauf cinq ou six pièces importantes, ne comprennent que des fragments d'armes et des objets détachés, mais d'une grande valeur au point de vue de l'histoire des armes. »

Après la nomination de la commission dont M. de la Bouillerie était président et qui était appelée à donner un avis sur les collections de Pierrefonds et de Fontainebleau, M. le liquidateur général voulut bien encore me demander une note sur la collection de Pierrefonds. Je crus devoir lui adresser le rapport suivant :

« Le 21 novembre 1866, je recevais une lettre de M. le général Rolin, adjudant général du Palais, qui me faisait savoir :

« Que les caisses contenant les armures destinées au château de » Pierrefonds y seraient transportées par un chariot du mobilier de » la couronne qui partirait de Paris le mercredi (21 novembre) pour » arriver le lendemain à destination. »

» La même lettre m'annonçait l'envoi du mobilier du gardien de ces armes, le sieur Poncin, ouvrier attaché au Musée d'artillerie.

» J'avais reçu quelques jours avant (le 14 novembre) une première lettre du général Rolin qui commençait ainsi :

« L'Empereur m'a prévenu que, d'après ses ordres, un logement » doit être préparé par vos soins, au château de Pierrefonds, pour y » placer le préposé chargé de la garde et de l'entretien de son cabi- » net d'armures. »

» Ce ne fut qu'au commencement de 1867 que la grande salle put être prête pour le placement de ces armes. L'Empereur, pendant son séjour à Compiègne, en novembre et décembre 1866, m'avait donné ses instructions relativement au placement définitif de ces armes et, après plusieurs projets, la disposition actuellement existante avait été admise. Elle consistait, dans la grand'salle, en un lambris de chêne avec appui courant et parties fermées dans le bas; le tout disposé pour la place et en raison de la destination. Une seule vitrine était placée au centre et, dans les trumeaux, des écussons en chêne pour recevoir des panoplies, des piédestaux et supports pour les armures isolées.

» Alors, le service était ainsi organisé :

» Le lieutenant-colonel Penguilly L'Haridon, directeur du Musée d'artillerie, était chargé du classement et de l'entretien des armes, ayant sous ses ordres le sieur Poncin. Je demeurais responsable de ces armures et de leur conservation.

» A dater du 1er juin 1867, toutes les dispositions étant terminées, l'entrée publique du Musée fut autorisée pendant deux jours par semaine et un deuxième surveillant militaire fut envoyé à Pierrefonds à cet effet. (Lettre du 19 mai 1867 du général Rolin.)

» Le 19 mars 1867, je recevais, de M. le lieutenant-colonel de Reffye, une lettre qui m'invitait à renvoyer, au Musée de Saint-Germain, de petites balistes qui avaient été envoyées à Pierrefonds en même temps que les armures. La même lettre me prévenait que des ordres étaient donnés pour faire transporter, dans le même Musée, divers objets déposés au petit Musée particulier de l'Empereur à Compiègne et provenant de fouilles faites dans la forêt.

» Le 29 janvier 1869, j'étais prévenu, par une lettre du général Malherbes, adjudant général du Palais, que l'Empereur venait d'acquérir la collection Belleval et que je devais me préparer à la recevoir et m'entendre avec le colonel Penguilly pour son placement. La même lettre me faisait savoir que le sieur Pascal, ouvrier des chantiers, était adjoint au sieur Poncin, pour lui faciliter le nettoyage des armes et qu'il serait payé par le régisseur du palais de Compiègne.

» Ces armes arrivèrent à Pierrefonds le 1er mars. Le 5 novembre 1869, M. le lieutenant-colonel Penguilly m'adressait de nouvelles caisses d'armes à Pierrefonds.

» Le Musée d'armes de Pierrefonds se composait principalement de l'acquisition faite en .... par l'Empereur et formant une partie de la collection du prince Soltykoff.

» En effet, cette collection comprenait des armures occidentales du Moyen-Age et de la Renaissance et des armures orientales. Le prince Soltykoff avait proposé à l'Empereur de tout lui céder pour une somme de 500,000 fr., je crois.

» Mais l'Empereur ne désirait pas acheter les armes orientales, et celles-ci ayant été dès lors cédées à l'Empereur de Russie, le prince Soltykoff laissa sa collection d'armes occidentales à l'Empereur des Français pour une somme de 250.000 francs, en considération de Sa Majesté, pensant qu'ainsi cette belle collection ne serait pas dispersée et resterait dans un musée. Les personnes consultées alors, M. le comte de Nieuwerkerke, M. Penguilly et moi-même, nous déclarâmes que le prix de 250,000 francs était inférieur à celui que donnerait la collection, si on la revendait aux enchères publiques.

» Depuis lors, l'Empereur acquit beaucoup d'objets séparés, habituellement par l'entremise de M. le lieutenant-colonel Penguilly.

» Puis, la collection Belleval pour...................... 72.000 fr.
» Puis, la dernière collection vendue en Danemark..,.... 7.000
» Et une autre collection, je ne sais trop à quelle époque
(c'était avant l'acquisition de la collection Belleval), pour
environ 25.000

» En réunissant les renseignements que j'ai pu me procurer sur ces acquisitions successives et partielles, et sur la valeur des pièces données, je crois être près de la vérité en portant le chiffre total entre 450,000 et 500,000 fr.

» La collection, actuellement, vaut évidemment beaucoup plus que cette somme Elle contient en armures de joûte, en armes de main (épées et arquebuses), des pièces uniques et d'une rare beauté; une armure *blanche* française (en fer poli), de 1430 environ, qui est une pièce dont on chercherait vainement l'analogue dans les Musées de l'Europe et dans celui d'artillerie de Paris; des casques de la plus belle époque et d'une admirable conservation; des boucliers en fer repoussé et ciselé, de l'époque de la Renaissance, et d'un excellent travail; quantité de pièces de harnois, très remarquables; beaucoup d'armes françaises qui manquent dans notre Musée d'artillerie (ce sont les plus rares, tant nous sommes peu conservateurs). Une quantité notable de ces pièces sont des œuvres d'art d'une haute valeur, comme ciselure, niellure, repoussé, émail, incrustation, damasquinure.

» Dès le 6 août 1870, prévoyant les désastres qui n'étaient que trop imminents, je fis faire à Pierrefonds des caisses solides, afin d'y pouvoir emballer toutes ces armes et les envoyer à Paris. Ayant prévenu M. le comte de Nieuwerkerke de cette précaution (M. le lieutenant-colonel Penguilly, était alors très malade), le 16 août, le Directeur général des Musées envoya des tapissières du garde-meuble pour emporter les armes à Paris. L'emballage fut fait dans la journée même, devant nos yeux et en présence de M. le comte de Nieuwerkerke (sans avoir le temps de dresser un inventaire), et ces caisses scellées furent mises dans les voitures, le soir. Le lendemain, elles étaient déposées au Louvre (1).

» Plus tard, après le 4 septembre 1870 (c'était vers le 16), une note dans les journaux annonçait « qu'on avait découvert dans les galeries » du Louvre, des caisses d'armures provenant des Musées et desti- » nées à être transportées à Porto. »

» Je crus devoir répondre à cette note que ces caisses n'étaient point une découverte, qu'on connaissait parfaitement leur provenance, qu'elles contenaient les armes déposées à Pierrefonds et que personne n'avait le droit d'en disposer.

» Et en effet, à ce moment-là, le plus sage était de les conserver à titre de dépôt national.....

» L'Empereur considérait évidemment la collection d'armes déposées à Pierrefonds comme lui appartenant en propre. Il l'avait payée intégralement sur sa cassette, avait donné des doubles au Musée d'artillerie, et m'a remis souvent, de la main à la main, sans reçu, des pièces qu'il me chargeait de joindre à la collection : ce qu'il n'eût pas fait s'il eût considéré ce Musée comme un bien acquis à l'Etat.

» Il n'est pas douteux que l'Empereur, qui ne pouvait prévoir nos malheurs, comptait laisser, à sa mort, cette collection au pays, comme beaucoup de ses prédécesseurs ont fait; mais il n'a jamais indiqué qu'il considérât ces armes autrement que comme des objets

---

(1) Toutefois, j'ai gardé des notes précises sur les objets non catalogués. Quant à ceux catalogués régulièrement, ils sont au nombre de 546, possédant chacun leur numéro d'ordre sur étiquette attachée à la pièce et correspondant au catalogue dressé par le lieutenant-colonel Penguilly L'Haridon et imprimé en 1867.

à lui appartenant et dont il pouvait disposer. Plusieurs fois on lui proposa des échanges, et s'il ne consentit pas à les faire, c'est qu'il ne voulait pas diminuer cette collection et non parce qu'il pensait qu'il lui fût interdit de l'aliéner ou de l'échanger en tout ou partie. Je crois que quelques dons ont été faits seulement au Musée d'artillerie. Il y a aussi, dans la collection, des objets qui proviennent du Louvre ; ce qu'il sera facile de vérifier.

» L'Empereur a voulu, malgré certaines oppositions, que cette collection fût déposée au château de Pierrefonds dont il voulait faire un musée du Moyen Age, comme à Saint-Germain il composait un musée gallo-romain.

» Il m'entretenait souvent de ses projets à cet égard, et en 1865 (novembre), j'avais pris des dispositions pour ajouter de nouvelles pièces à la grande salle qui était remplie et dans laquelle beaucoup d'armes ne pouvaient être placées. Il avait été question, alors, de faire faire des modèles d'armures de divers âges et de réunir des documents graphiques à la collection, ainsi qu'une bibliothèque spéciale.

» En 1867 — 150,000 personnes visitèrent le château et son musée.
» En 1868 — 210,000   —   —   —
» En 1869 — 200,000   —   —   —
» En 1870 — les Allemands y venaient par bataillons entiers, ils demandaient où étaient les armes, et, au commencement de l'invasion, brisèrent quelques portes de caves pour les trouver.
» En 1871 — 30,000.
» En 1872 — 70,000.

» Toutes les dispositions prises pour le placement des armes demeurèrent en l'état où elles furent laissées après le transport de la collection à Paris. »

Ce fut après la remise de cette note que la Commission consultative émit l'avis touchant les armes du Musée de Pierrefonds, et considéra cette collection comme étant composée d'objets d'art.

II

Le Château de Pierrefonds est-il une dépendance de la Liste civile ; en d'autres termes, appartient-il à l'Etat ?

Pendant la Révolution de 1792, le Château de Pierrefonds et les terrains environnants qui dépendaient de la chèferie de Compiègne, furent vendus comme *bien national*.

En 1813, le château fut acheté par l'Empereur à une dame veuve, qui en était alors propriétaire, moyennant la somme de 2,700, et fut immédiatement réuni au domaine de la Liste civile, dont il n'a pas été distrait depuis lors. Le roi Louis-Philippe agrandit ce petit domaine par l'acquisition de quelques terrains et fit déblayer une partie des ruines.

Le Château de Pierrefonds était compris dans la conservation de Compiègne, au même titre que l'ancien prieuré (forêt) de Saint-Corneille.

En 1857, l'Empereur Napoléon III voulut restaurer le château de Pierrefonds, et pour commencer l'œuvre, il accorda, en 1858, une somme de 100,000 francs, affectée à cet objet, sur sa cassette particulière. Ce premier essai l'ayant satisfait, l'année suivante, un crédit de 270,000 francs fut ouvert sur le *Budget de la Liste civile.*

En 1860, à la suite de la guerre d'Italie, la Liste civile et la cassette particulière de l'Empereur n'accordèrent pas de fonds à cette restauration, mais en cette année, sur le budget des monuments historiques (*Budget de l'Etat*), il fut alloué une somme de.. 249,965 92

En 1861, cette allocation prise sur les fonds de

l'Etat fut portée à... 124,991 10

En 1862 à... 99,998 94

En 1863 à... 99,976 00

En 1864 à... 99,942 18

En 1865 à... 99,976 00

En 1866 à... 99,986 22

En 1867 à... 99,976 00

En 1868 à... 99,997 23

En 1869 à... 99,989 73

Total des allocations accordées sur le crédit des monuments historiques (budget de l'Etat) avant 1870.. 1,174,799 32

Les dépenses totales de l'entreprise, admises par la liquidation, s'élevant à la somme de..... 5,327,345 38

Et les sommes allouées par la Liste civile à .... 270,000 00 } 1,444,799 32

Par l'Etat à.................................1,174,799 32

Il a été payé sur la cassette particulière de l'Empereur 3,888,546 06

En outre, il a été acheté sur les fonds de la *Liste civile* à divers, pour agrandir le domaine et isoler le Château, des parcelles de terrains et maisons pour une somme de plus de.. 300,000 00

En 1867, le total de ces acquisitions dont la réunion au *Domaine de la Liste civile* était régularisée, s'élevait à.. 273,380 60

et la surface des terrains acquis était de 77,477^m.

III

Les Collections de Pierrefonds et de Fontainebleau (Musée des armes et Musée chinois) sont-elles œuvres d'art ?

La Commission consultative, présidée par M. de la Bouillerie, a été d'avis que la collection des armes de Pierrefonds était composée d'œuvres d'art ; elle a été d'un avis contraire relativement au Musée chinois. Pourquoi ?... Qu'est-ce qui constitue l'œuvre d'art ?... Un vase étrusque ou grec en terre cuite est-il une œuvre d'art ? Oui, probablement, si sa forme et les dessins qui le couvrent, sont l'œuvre d'artistes ; une côupe de Benvenuto Cellini est-elle une œuvre d'art, ou un objet usuel ou de *curiosité?*

Est-ce qu'un objet perd sa qualité d'œuvre d'art parce qu'il serait destiné à un usage ou qu'il serait recherché des *curieux?* Alors, les sarcophages antiques, les admirables bronzes italo-grecs, tels que trépieds, vases, siéges, lits, etc. etc., qui enrichissent le Musée de Naples, ne seraient pas des œuvres d'art, mais des *curiosités.*

On ne pourrait plus considérer comme œuvres d'art que les statues et les tableaux. Si l'œuvre d'art doit être déclarée telle, non par le travail qui l'enrichit, quelle que soit la destination, mais d'après le goût de chacun pour les uns, les chinoiseries seront œuvres d'art, et les bronzes antiques, des ustensiles *curieux* ; pour les autres, un bijou de Benvenuto Cellini sera un objet de toilette *curieux,* et les bijoux antiques, des œuvres d'art.

Tout objet est œuvre d'art du moment que le travail qui le couvre, que le choix de la forme, l'exacte et fine observation de l'usage, l'emportent sur la valeur de la matière. Il y a tels ustensiles de cuisine, provenant de Pompeï, auxquels on ne saurait refuser la qualité d'œuvres d'art, parce qu'un artiste a pu seul composer leur forme, donner les dessins des ornements qui les décorent, si sobrement que ce soit, et les modeler ou les ciseler.

Il est évident, pour toute personne de goût, que les armes de Pierrefonds constituent des œuvres d'art au premier chef, par l'excellence de leur fabrication délicate, par l'exacte observation de la nécessité imposée, par le choix de la forme, par les merveilleuses ciselures, nielles, gravures, qui les couvrent, par la finesse et la précision des repoussés dûs à des mains d'artistes. Mais qu'on aime ou qu'on n'aime pas les œuvres des Chinois, les objets provenant du Palais d'Eté de Pékin présentent ces qualités au suprême degré. Quelle que soit la richesse de la matière employée, fût-elle de l'or, la délicatesse du travail, le goût de la composition l'emportent encore sur la valeur intrinsèque.

Il est évident aussi que, si la commission consultative, présidée par l'honorable M. de la Bouillerie, avait *vu* le Musée chinois, conquis par l'armée française, elle n'aurait pas considéré cet *unique* spécimen des arts de la Chine comme un simple amas de *curiosités.*

Il y a là un admirable sceptre de l'Empereur de la Chine, deux vases d'émail cloisonné d'une hauteur de 1 m. 50, qui dépassent en délicatesse de travail, en harmonie de couleur, en beauté de dessin, tout ce que l'on connaît en ce genre. Mais comme ces vases ont été soustraits aux regards du public pendant dix ans, comme nos artistes, nos industriels d'objets d'art ne les ont jamais vus, il était facile de déclarer, sans trouver de contradicteurs, que ce sont là des *curiosités.* Il y a deux dragons en bronze gros comme des tigres, qui sont ce qu'il y a de plus remarquable comme style, comme mouvement, comme composition, comme pureté de fonte. Il y a des vases de jade qui datent de la plus haute antiquité et sont d'un galbe et d'un travail que tous les artistes auraient à étudier, si on les leur faisait voir; mais on aime mieux que tout cela s'en aille au Musée de Kinsington, paraît-il.

Notons, en passant, que nulle part en Europe, et même en Chine, il ne serait possible de trouver de pareils chefs-d'œuvre, fût-ce au poids de l'or. Mais on dit que ce sont des *curiosités*.

Les deux collections sont composées d'œuvres d'art, ou bien il faut enlever de nos Musées d'art la moitié de leurs richesses, comme indignes d'y figurer. Les préférences de ceux-ci pour l'antiquité leur feront repousser les ustensiles du Moyen Age et le Musée Sauvageot disparaîtra du Louvre. Le goût exclusif de ceux-là pour la Renaissance ou le Moyen Age les engagera à supprimer le Musée Charles X, qui ne renferme que des objet usuels de l'antiquité grecque, et ainsi du reste; nous n'aurons plus que des toiles peintes par des maîtres et des statues à montrer aux artistes, aux artisans, au public, qui se pressent dans nos collections. Alors que deviendra cette belle industrie d'art française, qui est peut-être l'unique reste de notre supériorité?

Cependant, les Anglais organisent leur Musée de Kinsington, où les ustensiles et *curiosités* de tout âge et de tous pays côtoient les œuvres les plus abstraites de l'art. Les Anglais reconnaissent la supériorité de notre goût dans la production des objets usuels, supériorité qui ouvre encore quelques débouchés à notre industrie française, et ils font tous les efforts possibles pour l'effacer. Ils sont dans leur droit, et c'est une guerre loyale; mais, que nous leur fournissions des armes pour nous vaincre sur ce champ de bataille pacifique, c'est trop.

Malheureusement, en France, les hommes engagés dans les affaires politiques manifestent une indifférence profonde à l'endroit de ces questions, qu'ils n'étudient pas, qu'ils ne connaissent pas. Certes, les discours ne font pas défaut, s'il s'agit, en séance solennelle, de faire prévaloir la supériorité du génie industriel français, génie qui prend sa source dans le sentiment naturel de notre race pour les diverses expressions de l'art; mais s'il faut fournir à ce sentiment l'aliment qui le fortifie et le développe, le dédain, l'indifférence se font jour..... « Vieilles ferrailles! magots chinois! qu'est-ce que tout cela? et pourquoi faire tant de bruit autour de ces bibelots, soulever dans l'Assemblée une tempête?... Nous avons bien autre chose à faire! » Soit..... Mais ces artistes qui donnent à l'industrie chez nous ce goût particulier, ce charme séduisant; ces artisans, ces modeleurs, ces ciseleurs, ces graveurs, ces émailleurs qui vont passer des journées, dans nos musées, à étudier silencieusement telle ou telle œuvre pour en faire leur profit et recueillir de nouveaux éléments de production; tout ce monde de travailleurs modestes, qui permet à la France de faire d'énormes sacrifices pour payer les fautes qu'ils n'ont pas commises et les désastres dont ils sont les premières victimes, qui ne demandent qu'à contribuer à la relever par un labeur persistant et une production merveilleuse, que l'obstacle et la souffrance ne font qu'exciter; tout ce monde qui contribue à faire rentrer l'argent étranger chez nous et qui crée une partie du trésor où vous puisez l'impôt, mérite-t-il qu'on lui dérobe les moyens de n'en pas laisser tarir ou égarer la source?

Comparons les maigres subventions fournies à nos collections pour se compléter et recueillir de nouvelles richesses avec les dotations du Musée britannique, et convenons que si la France, plus que l'Angleterre, sait montrer, dans ses produits industriels et d'art, un goût sûr et délicat, ce n'est pas la faute des hommes d'Etat anglais qui ne manifestent pas, en ces matières, l'indifférence si commune chez les nôtres.

Et c'est bien sur cette indifférence que l'on compte pour priver la France de deux collections enviées par nos voisins et qu'aucun sacrifice d'argent ne saurait remplacer. On y compte si bien, sur cette indifférence, que, depuis vingt jours, des tableaux et plusieurs de ces objets d'art les plus précieux ne sont même plus entre les mains du Gouvernement, tant il était certain qu'on ne lui en demanderait pas compte.

IV

Les Collections de Pierrefonds et de Fontainebleau sont-elles les propriétés de la France?

Devant la *Commission parlementaire du budget*, le 24 décembre, M. le ministre des travaux publics se serait ainsi exprimé :

» On a considéré le Musée chinois comme composé de curiosités; ce ne sont pas des OBJETS D'ART et on a décidé qu'il serait restitué.

» Pour Pierrefonds, on a soutenu le contraire. L'Empereur a dépensé 3 ou 4 millions à Pierrefonds; il a réuni là ses armes historiques, entre autres la collection Soltykoff.

» Quand on place une œuvre d'art dans un palais de la Liste civile, on la considère comme immeuble par destination et elle devient propriété de l'Etat.

» Il faut donc voir si les armures sont des œuvres d'art, et si Pierrefonds appartient à la Liste civile.

» On a pensé que les armures étaient des objets d'art; mais que Pierrefonds n'était pas un château de la Liste civile; c'était une *maison* que l'Empereur a rebâtie à ses frais.

» On a transigé, on a évalué la collection à 500,000 francs, et il fut convenu que les armures seraient rendues moyennant une somme de 500,000 francs.

» Cette somme fut représentée par le Musée gallo-romain (150,000) et pour les 350.000 francs restants, en n'en fit courir les intérêts que de la date de la convention, au lieu du 4 septembre, ce qui aurait augmenté la somme..... »

On... élude ici la loi, à l'aide d'un raisonnement qui ne peut se soutenir devant l'exposé des faits; mais *on* espérait enlever cette question sans discussion.

« Quand *on* place une œuvre d'art dans un palais de la Liste civile, *on* la considère comme immeuble par destination et elle devient PROPRIÉTÉ DE L'ÉTAT. »

Voilà la loi; loi qui existe en France, en Italie, en Espagne et dans quelques parties de l'ancienne Allemagne. Elle est sage, elle est basée sur l'équité et sur l'intérêt de la nation, lequel domine tous les autres; car si les souverains et les dynasties s'en vont, le pays reste et, après tout, paye...

D'ailleurs, pourquoi rendre à la succession de l'Empereur le Musée chinois (trophée français), œuvre d'art ou amas de *curiosités* (peu importe), puisqu'on a réclamé de la succession du maréchal Vaillant les clefs de Rome (trophée français) gardées par lui, sans droit, pour les placer dans une collection de l'Etat : le Musée d'artillerie ? Est-ce parce que les clefs de Rome n'ont pas de valeur appréciable, tandis que le Musée chinois vaut plus de 500,000 francs ?

Mais il fallait prouver d'abord, pour donner à cette argumentation un certain poids, comme quoi le Musée chinois n'est pas composé d'œuvres d'art, et comment le château de Pierrefonds, à la restauration et à l'agrandissement duquel l'Etat et la Liste civile ont dépensé 1,745,000 francs sur 5,625,000 francs en chiffres ronds, est une *maison* rebâtie par l'Empereur et non une portion du domaine de l'Etat.

Or, on a vu que Pierrefonds dépend du domaine de Compiègne; il en dépend si bien, qu'il s'y est trouvé englobé lorsqu'on a composé les Listes civiles de Louis XVIII, de Charles X, de Louis-Philippe et de Napoléon III.

Et comment donc l'Etat et la Liste civile elle-même auraient-ils pu dépenser 1,444,799 fr. 32 c. en travaux, dans un domaine ne dépendant pas de l'Etat ?

Et comment supposer que, de 1860 à 1869, aucune observation n'aurait été faite à cet égard, par le Corps législatif, au ministre, lors de la présentation du budget des *Monuments historiques*, dans lequel, chaque année, une allocation de 100,000 fr. était affectée à la restauration du château de Pierrefonds, si on eût pu supposer que ce domaine n'appartenait pas à l'Etat? Bien mieux, depuis 1870, dans ce même château, des travaux d'entretien et d'achèvement sont exécutés sur les fonds de l'Etat. Agirait-on ainsi dans un domaine dont l'Etat ne se considérerait pas comme le possesseur ?

Pierrefonds était domaine de la Liste civile, par conséquent retourne à l'Etat à la fin du règne, d'après la loi française. Donc, la collection qui s'y trouvait déposée, et disposée sur des meubles établis *ad hoc*, doit être considérée comme immeuble par destination.

Quant au Musée chinois, l'argumentation procède à l'inverse. Fontainebleau est incontestablement domaine de la Liste civile; il n'y avait pas possibilité de faire prendre le change à cet égard à personne; mais la collection chinoise n'est plus alors une œuvre d'art, c'est un dépôt de *curiosités*...

Il paraît inutile d'insister, après ce que j'ai dit à ce sujet.

V

Conclusion

Sans être dans le secret des préliminaires de la convention ou de la transaction indiquée par M. le Ministre devant la Commission du budget, convention ou transaction dont Son Excellence décline la responsabilité, puisqu'elle l'a trouvée signée en arrivant au ministère, et dont, évidemment, elle n'avait pas eu le loisir d'étudier les termes, on peut admettre que, tous comptes faits, l'Etat se trouvait débiteur envers la succession de l'Empereur d'une somme de 4 millions. On aura craint de se présenter devant l'Assemblée ce gros chiffre à la main, et alors, pour en diminuer, *en apparence*, la valeur, on a estimé la collection des armes à 500,000 francs; celle de Fontainebleau, à 3 ou 400,000 francs, et à l'aide de ces 8 ou 900,000 francs, qui couvraient partie de la dette sur le papier et composaient un chiffre réel de près de 2 millions, on a pu présenter à l'Assemblée un compte *argent à solder*, réduit à 2,800,000 francs, car le chiffre de *trois* millions eût encore paru gros, peut-être.

Mais la collection de Pierrefonds trouve acquéreur pour 1,500,000 francs. Je la prends demain, si l'on veut, pour cette somme.

Quant au Musée chinois, je ne connais pas sa valeur exacte, mais il vaut certainement plus de 500,000 francs.

Pour le Musée de Saint-Germain, si on le mettait en vente, je doute fort qu'on en pût retirer les 150,000 francs indiqués ci-dessus. Les haches de silex et les épées gauloises en fer rouillé ou en bronze, les bracelets et les colliers de verroteries de nos aïeux, n'ont pas encore acquis cette valeur, surtout si on jetait sur le marché une pareille collection en bloc.

Donc, ce n'est pas 500,000 francs (estimation de la collection de Pierrefonds) et 300,000 francs (estimation de la collection de Fontainebleau), soit 800,000 francs, que vous donnez à la succession de l'Empereur, eu sus des 2,800,000 francs (argent), *et, ensemble*, 3,600,000 francs.

Mais, valeur de la collection de Pierrefonds (achetée 450,000 francs par l'Empereur), en vente publique, au minimum .... 1.500.000 francs.

Valeur de la collection chinoise (rapportée par l'armée française), en vente publique, au minimum 500.000

Total .... 2.000.000 francs.

Ce qui, avec les .... 2.800.000 argent.

Donne le total de .... 4.800.000 francs.

Je ne parle ici que de la valeur vénale; car, avec tous les millions possibles, vous ne remplacerez pas ces collections. Je laisse de côté encore les valeurs reconnues et très-certainement restituées à la succession. Il n'est question que de la partie de la liquidation en litige et qui fait l'objet de la transaction projetée.

On ne se libère pas de cette façon envers la succession d'un souverain que personne, pas même ses ennemis, n'ont accusé d'avarice et d'amour du lucre. Si l'Empereur disposait d'une grosse Liste civile, il faut dire qu'il la dépensait largement et souvent noblement. J'ai eu assez fréquemment l'honneur d'approcher l'Empereur et de lui exprimer sans détours ma façon de penser, lorsqu'il daignait me consulter, pour être assuré que, si j'avais mis sous ses yeux le présent *Exposé*, en supposant qu'une pareille transaction eût pu être passée de son vivant, il l'eût repoussée comme indigne de lui.

Si pauvre et si ruinée qu'elle soit, la France doit payer ses dettes.

Que l'on reconnaisse l'étendue de la dette de l'Etat envers la succession de l'Empereur, rien de plus équitable, du moment que cette dette représente une valeur équivalente dont le pays reste possesseur.... Mais, payons-la en argent, non en privant le pays d'un trésor productif, qui contribue à sa prospérité, qui développe son travail et qui, au total, lui appartient légalement et loyalement. L'Empereur, tout en considérant la collection de Pierrefonds comme sienne, entendait bien qu'elle resterait à la France et ne l'a composée qu'à cette fin.

Le Musée chinois est un trophée français, et si le ministre de la guerre a laissé un général déposer aux pieds de l'Impératrice ces dépouilles rapportées par nos soldats, ce qu'il n'eût pas dû permettre, c'était à la souveraine couronnée qu'était adressé cet hommage, non à la femme.

L'opinion se serait soumise au jugement d'un tribunal, si dur pour la France que fût son arrêt; mais les habiles inspirateurs de cette transaction, les personnes indifférentes, mal éclairées ou distraites qui l'ont laissée passer, voudront bien croire que j'ai la conscience d'être ici l'interprète d'un sentiment partagé, non-seulement par les artistes, les industriels et les artisans, mais par tous ceux qui ont souci de la dignité, de la prospérité et des intérêts sacrés du pays, auxquels tous les autres doivent être sacrifiés.

Paris, 31 décembre 1873.

E. VIOLLET-LE-DUC.

Paris. — Imprimerie SCHILLER, 10, faub. Montmartre.